LA DÉMAGOGIE

ET

LA GUERRE D'ORIENT

Par l'Auteur de l'*Esquisse d'un tableau politique*.

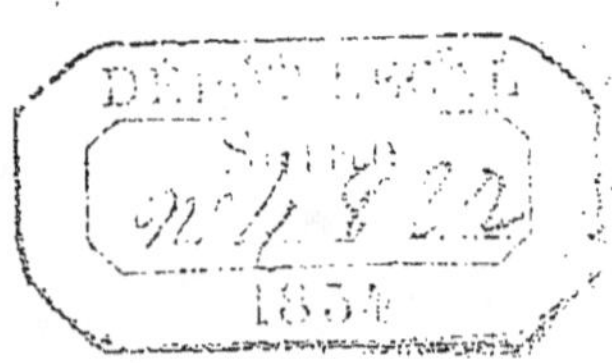

PARIS.

IMPRIMERIE DE POMMERET ET MOREAU,

QUAI DES AUGUSTINS, 17.

—

1854.

LA DÉMAGOGIE

ET

LA GUERRE D'ORIENT.

I.

Depuis les événements de 1848 et de 1849 une idée prédomine tous les esprits; à force de la caresser et de l'exagérer, cette idée est devenue fantasmagorique. Un mûr examen peut triompher aisément des appréhensions qu'elle inspire, et donner à la réalité de justes proportions. Je veux parler de la tendance républicaine, de la démagogie expectante, de la maladie insurrectionnelle.

On croit voir partout la force brutale prête à fondre sur la société à la moindre occasion qui pourrait lui être favorable. L'imagination frappée nous présente les phalanges Mazziniennes et Kossutheniennes sortant de la terre, comme les légions de Pompée, pour bouleverser les pouvoirs et ensanglanter les rues. Une telle idée s'emparant parfois de la pensée des personnes qui gouvernent, il advient que, dans les graves circonstances, on hésite à prendre des mesures vigoureuses avant de bien calculer si de telles mesures pourraient faire naître le danger d'une démagogie agissante qui troublerait l'ordre et la tranquillité publique. Cet ennemi du bien-être social a-t-il réellement la force qu'on veut lui supposer? La démagogie est-elle aussi redoutable qu'on l'imagine?

Les chefs de cette spéculation fantasmagorique comptent beaucoup sur la peur produite par leurs menaces et sur l'effet de cette espèce de cauchemar enfanté par la crainte qu'une révolution démocratique est toujours prête à éclater en Italie ainsi qu'en Allemagne. C'est cette peur, ce sont ces appréhensions qui leur donnent une force factice et une importance à laquelle les agitateurs eux-mêmes sont bien loin de croire.

Etudiant le passé et réfléchissant sur les années les plus favorables à la démagogie, 1848 et 1849, ce funeste délire qui a exercé des ravages dans presque tout le continent à cette époque, où les sectes et leurs chefs, hérissant leurs drapeaux, s'enivraient d'ovations et de meurtres, de lauriers plébéiens et de brigandage, où on prêchait l'athéisme, où le mot liberté était synonyme de tyrannie, celui de fraternité se traduisait par celui de vengeance, quel fût le résultat que la démagogie obtint de ses triomphes passagers? quelle en a été la durée? Le résultat a été de forcer l'Europe entière à établir partout un système militaire dominant, afin d'empêcher le retour de son infernale action, de donner à l'organisation de la police plus d'étendue et de vigueur pour assurer et garantir l'ordre; celui de montrer aux gouvernements la nécessité d'être plus fermes et plus conséquents; celui enfin de surveiller et faire poursuivre ses chefs regardés comme les agents des malheurs des nations, haïs par ceux qu'ils avaient trompés, maudits par ceux qu'ils avaient appauvris. Quant à sa durée, au bout de quelques mois elle avait déjà épuisé ses moyens; elle avait perdu son prestige et averti les peuples de ses cruelles mystifications. Par ses excès mêmes et par ses menaces, après avoir empoisonné les sources de la vitalité des Etats, après avoir rendu indispensable la prompte organisation des pouvoirs énergiques, des pouvoirs presque absolus, des pouvoirs capables de brider et d'écraser l'hydre révolutionnaire, la démagogie a laissé pour héritage la nécessité d'un entretien considérable de forces régulières qui oblige à plus de dépenses, et, par conséquent, à plus d'impôts; une méfiance pour tous les systèmes qui pourraient enfanter les fréquentes discussions politiques qu'on accuse d'avoir, en quelque sorte, alimenté et favorisé les mouvements révolutionnaires. Cette juste méfiance fait qu'on se

refuse désormais à faire des concessions dans le domaine des
libertés publiques, parce qu'on est convaincu qu'au sein même
de cette société qui, redevenue tranquille, veut jouir des avantages d'un gouvernement régulier, au sein de cette société qui
veut vivre sans crainte d'être troublée dans la marche des affaires, il y a une classe de perturbateurs qui se cache et se dé-
robe à la surveillance des autorités, prête à profiter de toutes les
circonstances pour relever son étendard insurrectionnel ! Mais
cette classe, dont se composent les sociétés secrètes dirigées par
les apôtres de la démagogie, est-elle nombreuse, est-elle puissante ? Voilà ce qu'il est utile d'examiner.

Afin de rendre l'action démagogique compacte et d'enrégi-
menter les acteurs, pour qu'elle puisse agir avec succès, il faut
en préparer l'organisation par le moyen des émissaires secrets,
par des voies ténébreuses, par de fréquentes réunions. Tout
cela ne pouvant pas être l'œuvre d'un jour ou d'une semaine, il
est impossible que la police n'en eût pas connaissance, que le
secret n'en fût pas dévoilé par mille accidents. Les gouvernements qui, de nos jours, sont sur leurs gardes, arrêteront aisément l'explosion de cette mine occulte prête à éclater. Si on n'y
parvenait pas, cela ne pourrait être que par la complicité de la
police ou par celle de la force armée. Or, malgré tout ce qu'on
voudrait faire croire, j'ose dire qu'après 1849, la portion de la
masse sociale qui, par inexpérience, par crédulité, par entraîne-
ment, s'était laissé pervertir, n'est nullement disposée à se lais-
ser de nouveau entraîner par les ridicules promesses de tous ces
charlatans prolétaires, par le langage dogmatique de ceux qui
ont agi d'une manière opposée à leur doctrine, et qui ont, par
leurs procédés, dévoilé le but réel de leur coupable ambition !
Lorsqu'au 13 juin 1849, les *leaders* de la démagogie voulaient organiser une nouvelle révolte dans Paris, les ouvriers et tous ceux
sur lesquels ils croyaient compter pour recommencer un vingt-
quatre février ou un vingt juin, se refusèrent à les seconder.

Restés presque seuls dans le local des *Menus-Plaisirs*, se voyant abandonnés par leurs affiliés qui avaient autrefois accouru à leur voix, ils furent obligés de se sauver, convaincus que désormais ils ne pouvaient plus compter sur la crédulité de ces masses qu'ils avaient su tromper et pervertir.

La démagogie n'étant que l'action qui réalise une théorie subversive afin d'assurer le triomphe du principe révolutionnaire, dès que cette théorie devient réalité, les doctrines qui en proclamaient l'excellence se trouvent renversées et remplacées par la force brutale dont le succès même est un danger pour ceux qui l'ont préparé. Le drapeau de sang planté au milieu des décombres de la société est leur accusateur, et le principe du salut des nations ne tarde pas à avoir raison.

La démagogie surprend, renverse, dépouille la grande famille sociale; mais la société, dont l'élément vital réclame la conservation, se redresse, trouve de nouvelles forces dans les intérêts de toutes les classes, reprend sa véritable intensité et sa vigueur, terrasse ce monstre qu'on avait cru formidable, et qui, en réalité, n'était qu'un hideux rebut de l'humanité.

Les ambitieux, pour assurer leur succès, se servent de l'action démagogique, se flattant de pouvoir la diriger à leur gré : l'expérience du contraire ne les a jamais corrigés, parce que l'ambition est incorrigible comme l'avarice. L'amour-propre de ceux qui croient que les chefs de l'Etat ne rendent pas justice à leur mérite, la jalousie de ceux qui envient les places occupées par d'autres, le désir de vengeance dans certaines classes contre celles qui jouissent d'une meilleure position et d'une meilleure fortune dans le monde, l'espoir de tous les fainéants qui voudraient s'enrichir sans travailler, le langage des utopistes qui ne trouvent pas les gouvernements à leur goût, égarent tellement la raison que celle-ci laisse aux passions la tâche de pervertir le cœur et l'esprit des masses crédules condamnées à agir en aveugles !

La démagogie n'étant donc pas un principe, mais une action dissolvante de l'ordre social, ne doit servir que comme un moyen pour parvenir promptement là où les vrais tyrans populaires désirent se placer, à la condition expresse que cet acte dissolvant doit cesser, dès que le but en est atteint. Pour réussir à réaliser ce plan, il faut trouver des dupes, et toujours des dupes ! Mais on se demande, *primo*, quel peut être le nombre véritable de ces dupes ; *secundo*, si ceux qui l'ont été la première et la seconde fois peuvent également l'être successivement.

Supposons que, dans une ville de cent mille âmes, se trouvassent deux mille prolétaires, de trois à quatre mille ouvriers, dont le quart (et c'est beaucoup) pourrait être entraîné par le langage d'une centaine d'ambitieux, par les intrigues d'une centaine d'agents corrupteurs, ce nombre ne sera toujours qu'une fraction minime de la population où prédominent les intérêts du commerce, les intérêts du travail, l'amour de l'ordre. Parmi ces mille personnes, sur lesquelles les chefs révolutionnaires fondent leurs espérances, il faut calculer que la moitié reste dans l'incertitude et dans l'inaction lorsque le moment d'agir arrive, de crainte de compromettre leur existence. Or, quel est le gouvernement qui, dans une ville de cent mille âmes, n'ait désormais une force organisée pour disperser et culbuter cette masse flottante qui n'a d'autres avantages que ceux que peut lui donner la faiblesse, l'incurie ou la coupable et aveugle imprévoyance d'un ministère imprévoyant ? Les affiliés de la démagogie, ne pouvant être aucunement enrégimentés, nullement coordonnés, ne peuvent compter que sur l'effet d'une surprise, d'un escamotage, du succès d'un moment, succès par lequel on réussirait à paralyser les ressources et les moyens d'une administration quelconque. Mais, de nos jours, est-il à craindre un pareil danger ? Les sectes, les héritiers des anciennes affiliations républicaines, les sociétés secrètes ont-elles, n'importe dans quel pays, la même organisation, la même importance qu'elles avaient, ou, pour mieux dire, qu'on leur avait laissé prendre avant 1848 ? Je ne le pense pas, et je n'hésite nullement à dire que non.

La démagogie exerce son pouvoir dans les rues, et sur la place publique ; mais dès que l'insurrection couronnée de succès a enfanté une assemblée délibérante, dès qu'elle s'est donné une forme soi-disant légale, elle a consenti, sans le vouloir, à être bridée, et bientôt à être reniée. Despote pendant quelques jours, la démagogie se voit forcée à devenir l'exécutrice des ordres donnés par ceux qui s'étaient servis de son action pour réussir dans leurs projets; et lorsqu'elle voudrait reprendre son pouvoir et son idépendance, elle se trouve, à son grand désappointement, congédiée, puisqu'elle devient un obstacle et un embarras à la marche d'un gouvernement quelconque.

Jetons les yeux sur la France, la Hongrie, le centre de l'Allemagne, sur l'Italie surtout, où on croit qu'il y a plus d'éléments de désordre, plus de probabilité à organiser les mouvements insurrectionnels.

Eu France, avant 1848, les sociétés secrètes et les chefs des clubs démocratiques se réunissaient, discutaient sans prendre beaucoup de précautions et sans beaucoup de mystères; ils prenaient des déterminations sans que la police eût assez de moyens pour les surveiller, les surprendre, et les dissiper. Quelques membres du parti d'opposition dans les chambres, aveuglés par la jalousie et par l'impatience de dominer, élevaient rarement et presque jamais la voix pour faire connaître le danger de ces réunions révolutionnaires dont le nombre augmentait à chaque jour; une partie de la presse les encourageait et les protégeait, le gouvernement en faisait très-peu de cas et paraissait ne pas les redouter. Cet état de choses a duré jusqu'en 1848 !

Dans certaines contrées de l'Allemagne, en 1845 et 1846, des luttes quasi-légales entre les chambres et le ministère, entre les différents pouvoirs et les princes, avaient déjà commencé. On élevait dans maints Etats des prétentions pour proclamer des lois qui n'étaient pas en harmonie avec l'ancien système des gouvernements. Dans d'autres on écoutait les réclamations des municipalités pour obtenir de nouvelles garanties. Dans ces réclamations on faisait toujours usage du mot *liberté politique*, et on s'était accoutumé partout à trouver ce conflit journalier presque normal..... L'opinion publique commençait déjà à devenir opposition dans plusieurs villes allemandes, dans d'autres elle prétendait être consultée.

Ayant peut-être mal jugé la question hongroise qui s'agitait entre la Diète, le peuple et le gouvernement, on l'avait rendue importante à force de la faire mousser. Cette lutte incessante en avait fait changer le caractère et le but. On avait fermé les yeux sur l'événement de Galicie; les puissances continentales ne se trouvant pas d'accord sur les affaires de la Suisse, on négligea d'arrêter le torrent révolutionnaire de cette république, où l'incrédulité trouva son compte à devenir démagogique. On peut dire qu'à la fin de 1847 aucun gouvernement n'appréhendait la possibilité et le danger d'une révolution générale, et pourtant jamais elle n'avait été si prête à éclater.

L'Italie était devenue le champ où les intrigues des agents étrangers de *toutes les classes* exerçaient le plus d'influence. Exaltés par le langage des chefs des sociétés secrètes, charlatans agitateurs de tous les pays, les tribuns du peuple qui, grâce à l'impunité qu'on leur accordait, s'étaient rendu hardis, se promettaient le plus grand succès dans la péninsule. En 1847 on battait des mains aux innovations imprudentes dont Rome donnait l'exemple; on applaudissait aux changements importants qui se préparaient en Piémont, en Toscane, à Naples. On voulait faire du Saint-Père, non un chef des Guelfes, mais l'apôtre d'une propagande destinée à changer le sort de l'Italie d'après les projets des utopistes révolutionnaires. Ceux-ci n'avaient d'autre but que celui de se servir du Saint-Père pour réussir dans leurs plans, le chasser ensuite de Rome, proclamer l'athéisme et la république fédérative! Projets insensés, qui ne pouvaient être conçus que par ceux qui ignoraient, ou qui voulaient oublier l'histoire de ce pays illustre, le caractère des peuples italiens, et l'attitude de l'Europe.

En 1847 Rome, Florence, le Piémont étaient dans un véritable état d'enivrement par les mensongères et dangereuses ovations que les peuples prodiguaient aux princes qui, désireux d'inaugurer l'époque des nouvelles garanties sociales, n'appréhendaient nullement le cataclisme politique qui se préparait!..... Le roi de Naples gardait une attitude digne et mesurée.

Au commencement de 1848, hélas! le trouble des esprits était partout. On aurait dit que les gouvernements avaient renoncé à agir avec force et avec prudence; et lorsque vint l'heure de l'action démagogique, les chefs du pouvoir, les grands propriétaires, les ministres, tout le monde parut étonné de s'être trompé sur les symptômes de cette société maladive et pervertie qui, démasquant son caractère, menaçait tous les pays d'un bouleversement général. Etonnés de n'avoir su prévoir les conséquences de l'état de surexcitation dans lequel se trouvaient les peuples, ceux qui les dirigeaient manquèrent de devenir tous des victimes, ainsi que l'a été la monarchie de juillet!

Le triomphe pourtant de cette démagogie organisée en France, en Allemagne, en Italie, après avoir terrifié le continent, après avoir fait tous ses efforts pour planter son étendard parmi les différentes nations, son triomphe, dis-je, fut de bien courte durée (trop longue à cause des malheurs qu'il a enfantés). La société trouva, je le répète, dans son principe de vitalité et de conservation assez de vigueur pour dompter la révolution et pour la vaincre. Le principe démocratique même n'hésita pas à soutenir en France un pouvoir ferme, un pouvoir quasi-absolu, habile à écraser l'hydre qui menaçait de tout détruire et de tout dévorer. On peut dire que cela arriva partout, mais avec des circonstances différentes, et un caractère propre à chaque peuple.

A la fin de 1849, la démagogie put se convaincre de son impuissance, dès qu'elle vit le parti populaire s'associer à la marche d'un gouvernement fort, mais régulier, afin de conserver cette influence que les rapports avec la démagogie lui avaient fait perdre.

II.

J'ai déjà parlé dans ma première *Esquisse d'un tableau politique* de l'attitude sociale qui avait préparé et assuré l'élection du prince Louis-Napoléon comme président. Il faut maintenant lier cette seconde partie de mon raisonnement à la première par quelques considérations qui peuvent expliquer sa doctrine gouvernementale fondée par les nécessités du moment et sur le caractère du peuple français.

Le prince Louis-Napoléon, dès qu'il se vit affermi sur son piédestal comme chef de la nation française avec l'aigle dans son drapeau, comprit qu'il fallait terrasser l'élément démagogique, mais qu'il ne fallait pas rejeter entièrement l'élément démocratique formé de l'amalgame de la bourgeoisie avec la partie saine du peuple. Il comprit qu'il fallait faire servir ce ciment de la nouvelle société du dix-neuvième siècle (legs de la révolution de 1791) à soutenir son pouvoir, auquel il n'a donné d'autre contre-poids que sa volonté, et cela dans le but de faire plier, mais d'être en même temps secondé par cette nouvelle force morale qui a déjà averti la société et les gouvernements de son importance. (Avertissement qui par les faits se trouve depuis quelque temps enregistré dans les hôtels-de-ville, ainsi que dans les palais des princes.)

En France l'élément démocratique avait réussi à être prépondérant. (Il l'aurait été partout s'il avait été établi avec les mêmes formes organiques.) Exerçant son influence dans la chambre élective et dans la presse, il était devenu dans les derniers temps le mobile des luttes incessantes qui menaçaient la tranquillité de ce pays. Il fallait donc fondre cet élément pour en former les rouages d'une autorité qui se proposait de le brider sans le renier, de le ramener à la résignation sans trop le menacer et l'écarter, de le diriger d'une main forte sans l'étouffer, conditions indispensables pour consolider le pouvoir et pour ne pas le compromettre en l'exposant à des chances. Si on veut bien y réfléchir, il y a toujours dans certains décrets qui émanent du chef de ce nouvel empire une pensée populaire qui domine. C'est une contrefaçon de la Rome des Césars, mais une contrefaçon corrigée, illustrée, une contrefaçon plus logique, plus normale, où se montre en même temps l'action du christianisme.

Ce pouvoir dominateur, éclairé et habile, veut que cette pensée fût comprise comme une des idées prédominantes de sa doctri[ne] gouvernementale. Afin de l'exprimer, l'empereur prend tant [...]

l'occasion des mesures qu'on a adoptées pour adoucir les malheurs d'une disette, tantôt c'est en parlant au Sénat et au Corps législatif que le chef de l'Etat désire exposer son principe à lui; et c'est surtout en invitant la nation entière à concourir à l'emprunt qu'il veut le mettre en évidence. Dans tous les actes donc de cette autorité qui a su organiser un système, et lui donner la vigueur de l'absolu avec des éléments populaires, apparaît la théorie du suffrage universel à laquelle il doit son élévation et qui sert de reflet à ce nouveau diadème. La démagogie seule est enchaînée et forcée à l'impuissance, parce qu'abandonnée par ses adeptes, elle se trouvera désormais trop faible pour être un grand obstacle, trop impuissante pour être un vrai danger.

On a cru, et peut-être on croit encore, que la démagogie souhaite la guerre pour élever son étendard. On a pensé, et peut-être on pense encore, que la lutte entre les puissances occidentales et la Russie donnera à la milice de Mazzini la possibilité d'agir avec succès en Italie; à celle de Kossuth, l'occasion de reparaître en Hongrie, et que tous les Spartacus et les Catilinas de nos jours trouveront dans cette guerre d'Orient un événement favorable pour insurger les masses ! Mais on ne veut pas se rendre compte que l'Europe en 1854 est bien différente de l'Europe en 1848. Alors il y avait un relâchement bien regrettable dans tous les gouvernements. Le libéralisme mal compris, mal défini, mal exercé, était devenu l'utopie générale qui influençait même l'action des cabinets. Les chefs des Etats, les uns trop confiants dans leur habileté et dans l'impulsion progressive donnée à leur règne, qui ne cessait pas de prospérer ; les autres, abusés par l'idée que les peuples ne pouvaient être que reconnaissants aux concessions qu'on faisait en faveur des libertés publiques, ne soupçonnaient pas que de graves insurrections se préparaient partout et que cette *bonhomie systématique* en leur donnant une aveugle sécurité ne faisait qu'aider le développement de l'esprit révolutionnaire.

En 1854, après tout ce qui s'est passé depuis six ans, après la nouvelle attitude qu'ont prise les États européens, grâce à la vigueur des gouvernements, encouragés ensuite par l'exemple de la France en 1852, la démagogie devrait être affligée et consternée d'un événement qui nécessite un grand déploiement de force, afin de soutenir une guerre destinée à avoir de grandes proportions. Après tout ce que la correspondance de la Russie avec l'Angleterre nous a dévoilé sur les projets du Czar, la France, l'Angleterre et l'Allemagne trouveront que leurs intérêts et leur amour-propre réclament une action vigoureuse, un résultat réel et conforme à tout ce que l'Europe attend d'une question si compliquée et si importante, qui renferme une grande responsabilité pour l'avenir des nations.

La guerre est un moyen infaillible pour réveiller le sentiment des nationalités dans un pays quelconque, surtout dans un pays comme la France, où l'amour des batailles, l'ambition de la gloire militaire ont été de tous temps incarnés aux Français. Il ne faut pas supposer que les intérêts matériels, les spéculations financières, la préoccupation de s'enrichir au jeu de bourse pourront jamais changer le caractère d'une nation illustrée par son génie guerrier : on sait bien que la guerre a buriné le blason de la France. Si, dans ces derniers temps, on avait pu croire que le besoin de cueillir les lauriers sur le champ de bataille s'était beaucoup calmé chez ce peuple, c'est peut-être parce qu'une longue paix avait porté les esprits à ne s'occuper que des luttes politiques qui ont contribué à favoriser les révolutions; et on sait bien que les révolutions qui se font au nom du patriotisme détruisent le véritable patriotisme, jaloux de l'honneur et de la prospérité de son pays. La guerre, soutenue par le désir de la gloire et par celui de léguer à la postérité le sentiment de l'admiration, réveille l'esprit national qui réclame l'ordre et la tranquillité dans l'intérieur comme garantie du bien-être, tandis que l'action démagogique, enfantant le désordre, arrête les ressorts qui font marcher régulièrement la société et en paralysent les progrès. Les corps politiques ont besoin, ainsi que le corps humain, de temps à autre d'un certain régime pour se donner de la vigueur et empêcher la circulation de s'arrêter.

Ce ne sera pas le parti de la démagogie française, qui, n'osant plus se leurrer d'illusions, pourra se flatter de reparaître avec quelque succès dans les circonstances enfantées par la guerre d'Orient. Il est probable cependant que les milices perturbatrices de Kossuth et de Mazzini croient avoir plus de raison et plus de chances pour se montrer en Italie et en Hongrie ; il est probable aussi que les amis de Kossuth fondent leurs espérances sur l'appui que la Russie pourrait donner aux insurgés hongrois dans le cas que l'Autriche se déclarât pour les puissances occidentales. Mais cette possibilité admise, quel espoir de succès pourrait avoir le parti des mécontents hongrois? Exciter l'insurrection du petit nombre des magyars, qui, regrettant peut-être d'avoir perdu leur ancienne importance par leur faute, pourraient être entraînés à une nouvelle révolte , ce serait pour la Russie s'exposer au danger de voir placés à la tête de l'insurrection des chefs polonais qui, grâce aux événements actuels, pourraient prendre plus aisément le chemin de leur patrie.

La question des magyars restant toujours la même, c'est-à-dire *la maison de Lorraine maîtresse, une constitution pour le royaume de Hongrie, séparé de l'Autriche,* ce qui voudrait dire donner à deux millions de magyars un pouvoir absolu sur une population cinq fois plus nombreuse ; cette question, ou pour mieux dire cette prétention ne serait plus secondée par le peuple, qui, éclairé par l'expérience de 1848 et 1849 sur le véritable objet de la levée de boucliers de ce temps-là, serait bien loin de seconder un nouveau mouvement insurrectionnel. Aujourd'hui (c'est l'opinion d'un Hongrois très-éclairé) si Kossuth venait en Hongrie, il ne pourrait pas réunir autour de lui un corps de deux mille démagogues.

Quant aux espérances de la démagogie Mazzinienne en Italie , pour qu'elle puisse reparaître et agir dans les États lombards, il lui faudrait l'appui de la France et l'argent de l'Angleterre , dans le cas que l'Autriche favoriserait la Russie au lieu de garder une quasi-neutralité avec une attitude qu'on peut croire favorable aux puissances occidentales ; mais la France, par les principes et la sagesse de son gouvernement, se garderait bien d'aider une révolution quelconque, et elle est bien loin de favoriser dans la péninsule cette démagogie qu'elle a su vaincre chez elle. De son côté, l'Angleterre n'aimerait pas suivre une conduite qui pourrait la compromettre vis-à-vis l'Autriche, dont elle aura toujours besoin pour être secondée, ne fût-ce qu'indirectement dans la guerre contre la Russie. L'Angleterre, si elle ne change pas le principe de la politique de son cabinet, sait en modifier l'action selon les avantages qu'elle peut en tirer, et elle comprend que se rapprocher maintenant de l'Autriche pourra lui être utile. On a tort de confondre la conduite de quelques agents subalternes qui prennent sur eux d'intriguer pour mettre le trouble dans certaines villes d'Italie ou ailleurs espérant se faire un mérite, avec celle d'un ministère sérieux, d'un ministère responsable qui souvent se trouve bien embarrassé de prendre la défense de ses agents qu'il ne veut pas désavouer, mais qu'il ne saurait pas approuver. Les ministres anglais ne sont audacieux que lorsqu'ils croient qu'il n'est pas nécessaire d'être prudents.

Quant au roi de Sardaigne, il a assez de besogne chez lui, sans exposer, pour une seconde fois, le bien-être de ses Etats aux éventualités d'une guerre contre l'Autriche afin de soutenir la démagogie lombarde, aussi prête à l'appeler à son secours qu'à le chasser lorsque cela lui conviendrait.

Jusqu'à la première révolution française, la Lombardie a vécu tranquille et heureuse ; elle prospérait et servait de modèle à toute l'Italie par son agriculture, son industrie et le caractère honnête et paisible de ses habitants. Les Archiducs qui la gouvernaient au nom de l'empereur étaient aimés et respectés. On n'aurait jamais appelé alors *étranger* le gouvernement d'une puissance qui a possédé la Lombardie depuis trois siècles ; et tandis que dans le reste de l'Italie il y avait de temps à autre des perturbations passagères, la Lombardie donnait l'exemple d'une tranquillité parfaite et d'un bonheur digne d'envie.

Les guerres de la révolution française furent la véritable cause de toutes les convulsions politiques qui ont affligé l'Europe depuis plus de soixante ans. Le catéchisme révolutionnaire, que les armées de la république prêchaient partout, démoralisa les peuples étrangers qui commencèrent à être mécontents de leur position sociale, dans laquelle ils avaient vécu si heureux. Les doctrines qui devaient faire crouler en France l'ancien édifice politique se servirent des armes du ridicule pour attaquer les croyances religieuses, véritable et puissante garantie des mœurs et de la tranquillité publique chez tous les peuples ; l'Italie s'en ressentit plus que les autres nations. Les nouveaux conquérants, par leur exemple et par leur propagande, sapèrent donc les bases de toutes les convictions et de toutes les habitudes qui sauvegardent le bonheur des familles ; la religion et le respect à la loi.

Lorsque les Lombards en 1814 se révoltèrent pour chasser les Français et qu'ils appelèrent les Impériaux, lorsque les temples du Seigneur commencèrent à être fréquentés, le sentiment religieux avait été amorti, et la domination française, qui avait établi partout un régime militaire, avait converti les ateliers en casernes, les temples en arsenaux, les paysans en soldats. Le baptême de *la république cisalpine* avait déjà changé les mœurs, les idées, les croyances politiques, comme la confédération rhénane, quelques années après, *désimpérialisa* l'Allemagne.

Quel espoir peut nourrir le parti de la démagogie pour reparaître victorieux à Rome? Ce parti, fomenté et entretenu par les ordres de son chef, essaie de temps à autre de renouer des intrigues dans la ville éternelle, mais les agents du grand agitateur finissent toujours par être découverts et souvent fusillés. — Quel espoir, dis-je donc, peuvent fonder ces sectes mazziniennes sur la guerre d'Orient? Peuvent-elles imaginer que l'empereur des Français aura besoin des troupes qui protégent Rome pour guerroyer en Orient ou sur le Danube? Peuvent-elles se flatter que l'heure a sonné pour chasser du Vatican le chef de l'Église et y substituer le gouvernement d'une république socialiste ?

Est-il à croire qu'il puisse arriver un événement dans une époque quelconque qui entraînerait la disparition du catholicisme et celle du vicaire du Christ? un événement où les temples du Seigneur seront dépouillés comme aux temps des barbares, où Rome sera la proie d'une horde de démagogues? Une telle idée ressemble à un cauchemar que des esprits maladifs seuls peuvent enfanter et caresser pour tromper les masses.

Il est inutile de penser que dans le royaume de Naples existât un parti démagogique qui espère profiter de l'état de guerre pour exciter des troubles ; inutile de répandre qu'il y a dans la population de l'ancienne Parthénope et dans ses provinces, des mécontents prêts à appuyer une révolte. De tels mensonges débités *pour cause*, de telles inventions qu'on s'efforce de présenter comme des vérités, par la jalousie et le dépit qu'excitent dans le parti révolutionnaire la prospérité et la tranquillité du royaume des Deux-Siciles, sont à chaque jour démentis par les faits. Afin de s'en convaincre, on n'a qu'à observer le calme et le bon sens de la nation napolitaine. Heureuse toutes les fois qu'elle peut montrer son attachement, son amour, son respect pour son roi, elle témoigne en même temps une aversion marquée pour tout ce qui est changement politique, une constante indifférence pour tout ce qui se passe dans d'autres pays. — Le peuple napolitain a la *politicophobie*. Il ne reconnaît comme source de son bonheur que son petit commerce, l'abondance des fruits et des légumes dont il se nourrit, sa pêche, son soleil, son roi surtout, ses habitudes et ses fêtes religieuses.... Il ne comprend nullement le langage de la démagogie. Si dans tout Naples, parmi les différentes classes des habitants de cette grande ville, il y a cinquante personnes qui caressent des principes et des théories peu conformes à l'ordre, et qui aiment les utopies de ces progrès qui mènent à un bouleversement social, c'est beaucoup dire. Au 15 mai 1848, lorsque les étrangers colporteurs des révolutions et quelques malheureux Napolitains égarés par eux se battaient dans Tolède, tous les autres quartiers de Naples ignoraient de quoi il s'agissait, et les paisibles habitants *del Vecchio Napoli* ne comprenaient pas pourquoi on tirait des coups de fusil !

Le Piémont est peut-être le pays où se rencontrent le plus de réfugiés; Gênes la ville où se donnent rendez-vous les mécontents italiens et étrangers; ils croient jouir, dans les États du roi de Sardaigne, d'une hospitalité plus que bienveillante; mais quel est le résultat de la confiance que les agitateurs placent dans le gouvernement piémontais? Quelle est la reconnaissance que ceux qui font profession d'insurger tous les pays témoignent à quelques membres du pouvoir qu'ils supposent être leurs amis, quoiqu'ils ne leur eussent peut-être jamais donné le droit de se croire protégés? La descente des révolutionnaires près de *Sarzana*, l'échauffourée de *Lerici*, dissipées par la fermeté du gouvernement, doivent convaincre à évidence qu'on doit s'attendre à de telles surprises lorsque, pour cause de certaines mesures qui regardent l'Eglise, on s'est placé dans une attitude qu'on a pu regarder (à tort sans doute) favorable ou indifférente aux projets des pertubateurs de l'ordre.

Soit donc en Hongrie, soit en Italie ou ailleurs, cette démagogie qui prétend saisir l'occasion de la guerre d'Orient pour lever de nouveau son étendard, cette démagogie qui désire tantôt que l'Autriche se déclarât en faveur de la Russie afin d'obtenir le concours de la France et de l'Angleterre pour révolutionner l'Italie, tantôt que l'Autriche puisse sympathiser avec les puissances occidentales pour octroyer l'appui de la Russie en Hongrie, sera impuissante et ne pourra plus menacer les trônes, la prospérité des États, la tranquillité des familles : elle sera impuissante à tromper les masses par des promesses mensongères et les entraîner au crime.

Pour que les peuples se soulevassent comme une tempête, il faudrait qu'ils y fussent poussés ou par la fatigue d'une longue tyrannie exercée sur eux, ou par les souffrances d'une longue misère produite par une mauvaise administration. Les révolutions par surprise ne peuvent avoir lieu que lorsque les chefs des États consentent à être faibles et imprévoyants, et c'est leur faute s'ils se laissent surprendre. Les événements de 1848 ne pourront pas se renouveler dans un moment où les gouvernements sont attentifs à faire prompte justice des perturbateurs, où les pouvoirs établis s'étudient à eviter les abus, ainsi que les *complaisances*. Les illusions qui ont fait croire, il y a quelques années, à la possibilité de certains progrès improvisés ont rendu possible le triomphe momentané de la démagogie. Mais comment supposer que dans les circonstances actuelles d'une guerre qui met en émoi toute l'Europe, d'une guerre qui se présente comme un grand problème à résoudre, comment supposer que la démocratie révolutionnaire puisse s'essayer avec avantage à produire une nouvelle perturbation sociale?

Admettons que cette guerre, qui peut devenir une moderne croisade, initiée, sous le prétexte d'une question qui regardait les lieux-saints, changée maintenant en un procès entamé par l'ambition et la convoitise d'un grand potentat (ainsi que la publication d'une correspondance très-importante l'a dévoilé), admettons, dis-je, que cette guerre eût une très-longue durée, un résultat incertain, des épisodes imprévus, que cette guerre dans un pays riche en prestiges, enfantera ses légendes et son roman historique, qu'elle devra subir des complications et des phases qui en modifieront le caractère et le but, il y aura toujours un déploiement de force armée, qui, ne prenant aucune part aux combats, sauvegardera les villes exposées aux intrigues et aux menaces des sociétés secrètes. Tous les succès de la démagogie peuvent donc se borner à quelques coups de poignard, à quelques victimes. hélas (ce qui ne fera que doubler la surveillance des gouvernements et la haine des peuples contre les révolutionnaires), à quelques tentatives infructueuses, à une fantasmagorie qui ne pourra plus effrayer; mais elle ne réussira jamais à tuer les monarchies ni à dissoudre les États; elle ne pourra jamais assurer au crime un droit sur le sort des nations (1) !

Dans la complication des intérêts matériels et spirituels qui renferme la question d'Orient, dans la mise en scène de tant de projets qui s'associent à cette guerre inattendue, à ce problème d'un avenir incertain et mystérieux, dont les résultats peuvent tromper les calculs des hommes, si on pouvait interroger la Providence, dont les décrets préparent seuls les événements qui doivent conduire les États et les peuples à une nouvelle condition sociale, ainsi qu'elle nous l'a toujours montré à différentes époques, ce serait le cas de lui demander le secret de cet avenir que l'intelligence la plus clairvoyante s'efforce en vain de deviner ! Bossuet considérait toute l'histoire comme une série de décrets de la Providence; et qui peut mettre en doute l'évidence de cette grande verité ?

(1) L'Autriche est tellement rassurée sur l'ordre et la régularité de la marche sociale en Italie et en Hongrie, que le jeune Empereur, à l'occasion de son mariage, vient d'ordonner la levée de l'état de siége dans les pays où il était en vigueur et a voulu faire grâce à un grand nombre de condamnés politiques exilés de leur patrie ; et, tandis que ce monarque donne des témoignages de confiance à ses sujets, au moment même où les puissances occidentales entreprennent une guerre à laquelle pourraient prendre part d'autres Etats, l'empereur de Russie met en état de siége plusieurs de ses provinces, ce qui montre le peu de confiance qu'il a dans le dévouement de ses sujets.

III.

Si pourtant on voulait donner au trouble de notre esprit quelque consolation, nous pourrons, sans nous livrer à des illusions, sans nous leurrer de calculs chimériques, nous pourrons, dis-je, espérer des résultats avantageux pour l'équilibre politique de l'Europe et pour le christianisme. Ce premier consentement obtenu du Divan à admettre les chrétiens à tous les droits dont jouissent les autres sujets de la Porte, ainsi qu'à tous les emplois réservés jusqu'à présent exclusivement aux musulmans, consentement garanti par les engagements pris le 12 mars, avant même de voir se débattre la question sur le champ de bataille, nous offre une raison pour envisager l'émancipation des peuples chrétiens du servage dégradant qu'ils enduraient sous le joug de la Porte ottomane, comme une première victoire remportée en faveur de la croix et de la civilisation. Nous pourrons de même prévoir et espérer que, maîtresses de la Mer-Noire, les puissances alliées stipuleront de nouvelles transactions, non seulement en faveur du commerce de cette mer, mais en faveur de la marine militaire. En laissant libre l'entrée des bâtiments de guerre de tous les pays dans cette *mer hospitalière*, comme l'appelaient les anciens (Pont-Euxin), on en ôterait à la Russie le monopole et l'influence exclusive sur la Porte, qui serait protégée par toutes les puissances. Voilà des résultats sur lesquels on peut compter avant même que des combats sanglants ne viennent attrister et apporter le deuil aux cœurs des nations.

Forcer les deux puissances occidentales d'entreprendre une guerre à laquelle l'Europe entière était bien loin de s'attendre dans un moment où il n'y avait d'autre rivalité que celle des progrès de l'industrie, du commerce, de l'agriculture, d'autre défi que celui de la prospérité réciproque des Etats, c'est la convoitise habilement déguisée d'un grand potentat, qui, tout en se posant comme le représentant du principe conservateur, nourrissait, depuis quelques années (1), la pensée de diriger exclu-

(1) Qu'on lise les deux notes du comte de Nesselrode: une au prince de Liéven, à Londres, en janvier 1827; l'autre à M. de Talistchef, en 1829. Portafoglio, t. V et t. IV.

sivement la destinée de l'empire ottoman et d'exercer une grande influence auprès des Etats allemands, qui l'a rendue inévitable (1).

L'idée d'une prépondérance politique qui ressemble fort à la prétention d'une quasi-monarchie universelle a été l'utopie de Napoléon; c'était l'exagération de son grand génie enivré par les victoires, et c'est ce qui l'a perdu. De nos jours cette prépondérance politique ne pourra pas avoir lieu. Si elle pouvait être le rêve d'une puissance quelconque, ce rêve rencontrerait une force morale incalculable dans le sentiment de l'indépendance des nations qui s'y opposeraient obstinément et vigoureusement. Cette force aurait pour auxiliaires tous les gouvernements effrayés et indignés à la seule idée d'une dictature européenne. Aucune monarchie de nos jours ne pourrait singer Rome ancienne; si dans d'autres temps les conquêtes qui portent le cachet d'usurpation n'avaient point de juges, elles exciteraient désormais le retentissement général qui menacerait les exécuteurs, et empêcherait la durée de leur domination.

Les moyens de faire la guerre de nos jours sont devenus si destructifs qu'on ne peut pas fixer un seul instant la pensée à cette effrayante méthode d'immoler l'humanité sur les champs de bataille en moins de quelques minutes! Progrès exécrable, dont l'esprit humain, ou pour mieux dire la science devrait être

(1) La Russie a pu se flatter de réussir dans ses projets, comptant beaucoup sur le savoir-faire et l'habileté de sa diplomatie, à laquelle on a voulu accorder depuis quelque temps une espèce de suprématie, à cause de la finesse qu'on attribue à ses agents et à l'importance qu'elle a voulu se donner partout. Se croire très-fin, c'est déjà ne pas l'être; vouloir en imposer, surtout aux grandes puissances, c'est jouer gros jeu. La franchise a des chances de succès beaucoup plus que la ruse, et le raisonnement sans *parti pris* a plus de force que les menaces. De quel côté paraît être l'avantage, lorsqu'on entend le dialogue entre l'Empereur, son chancelier, et Sir Hamilton Seymour? Certes, on est forcé de convenir que le vrai, le juste, le raisonnable, sont du côté du ministre anglais, qui, dans cette occasion, l'emporte de beaucoup sur ses interlocuteurs. Quant aux notes échangées entre le secrétaire d'Etat français et le cabinet de Saint-Pétersbourg, on n'a pas de peine à se convaincre de la supériorité de la correspondance de M. Drouyn de Lhuys et comme style, et comme logique, et comme franchise.

honteuse au lieu de s'en glorifier. Bientôt, hélas! (il est a craindre) on verra la terre envier à la mer ses flottes ensanglantées avan que celles-ci puissent lui envier ses vastes plaines, où on pourra compter les cadavres et calculer le nombre des victimes immolées à l'ambition d'un seul potentat, aux susceptibilités, aux justes soupçons, aux calculs peut-être d'autres grandes puissances, à l'amour-propre et au fanatisme des peuples auxquels les gouvernements ont cru devoir rendre compte et faire comprendre le sujet de cette grande lutte européenne pour faire appel à leurs sympathies et à leur aide, pour exalter leur imagination en réveillant le sentiment religieux et celui de la patrie... Mais cette guerre, qui présente un vaste programme, où s'arrêtera-t-elle?

La démagogie espère qu'elle prendra le caractère d'une guerre de nationalité, afin d'embarrasser la lutte et exciter un enthousiasme qui troublerait l'ordre régulier des combats.

Le thème de nationalité est regardé maintenant comme le plus analogue aux projets de la démocratie perturbatrice... *Secouer le joug des étrangers*, c'est le mot d'ordre qu'on ne cesse de répéter. Y a-t-il dans ce mot qui sert de ralliement aux révolutionnaires des raisons bien fondées pour le prononcer et s'en servir comme d'un argument irrécusable? Dans toute l'Italie, par exemple, les Lombards, à coup sûr, sont ceux qui, par la conscience de leur origine, par le souvenir de l'histoire qui les regarde, devraient reconnaître qu'ils ont bien peu de raison à appeler étrangers les Allemands, étrangère la domination de l'Autriche (1). Cette tendance vers le classement des nationalités d'après l'origine et la langue, si elle pouvait l'emporter dans les débats politiques,

(1) Au sixième siècle, les princes de la Pannonie firent une excursion dans la haute Italie, à laquelle ils donnèrent le nom de Lombardie. Ils se répandirent ensuite dans presque toute l'Italie, où ils étendirent leur domination jusqu'à l'arrivée de Charlemagne, qui les remplaça. Après les Carlovingiens, Béranger, duc de Frioul, s'empara de la Lombardie en se reconnaissant tributaire de l'empire. Les républiques lombardes, après la paix de Constance, furent reconnues à la condition que tous les dix ans ils devaient renouveler le serment de fidélité à l'empire. Maximilien Sforza céda la ville de Milan à François Ier. François Sforza, rétabli dans ses États par Charles-Quint, meurt sans postérité et laisse le Milanais à cet empereur, qui est la plus grande figure historique de ce temps-là. Depuis lors, la Lombardie n'est jamais sortie du pouvoir de la maison d'Autriche.

bouleverserait de fond en comble tous les titres des dominations légitimes : ce serait un procès qui amènerait un chaos social.

En remontant aux annales des souverainetés en Europe, d'après une telle doctrine, on devrait changer complétement la carte de tous les états. Quelle serait en effet la nationalité que l'Angleterre réclamerait de préférence ? celle des Pictes, celle des Saxons, des Danois, des Normands? Et quelles seraient les réclamations que les Gaulois et les Francs feraient contre les provinces qui ont agrandi la France et contre l'assimilation de plusieurs races parlant des langues différentes?... Les Grecs ayant passé tant de fois d'une domination à une autre n'admettraient-ils aucune prescription pour exiger le classement des nationalités d'après leur origine et leur langue? et les Germains et les Slaves?

De pareils sujets de réclamation, de tels raisonnements spécieux ne sont que des prétextes que le bon sens ne peut pas admettre, des prétentions que les annales de tous les peuples démentent par des faits irrécusables. Le vrai sentiment de nationalité ne va pas chercher l'origine des races tant de fois mêlées et tellement fondues, qu'il paraît impossible de les classer. *La tentation de la liberté* ne torture jamais les peuples esclaves, et pourtant ces peuples sont extrêmement jaloux de leur nationalité. Les peuples qui vivent sous le despotisme haïssent plus les étrangers que ceux qui vivent sous les monarchies tempérées, et les républiques acceptent avec moins de répugnance les Césars que les serfs qui vivent sous le régime de l'arbitraire n'acceptent la liberté.

IV.

Si de la levée des boucliers des Grecs on fait tant de bruit, c'est parce que, grâce à la renommée de cette nation, qui a su étonner le monde et léguer à la postérité le blason de son génie, ceux qui portent le nom de *Grecs* paraissent avoir droit aux sympathies de tous les peuples, ne fût-ce que par la reconnaissance qu'on leur doit pour ces impérissables monuments, ces incomparables chefs-d'œuvre artistiques, cette littérature modèle dont leurs ancêtres ont laissé l'héritage à la postérité, littérature à laquelle la moderne Europe doit ses plus grands écrivains. Cela fait que, malgré toutes les vicissitudes qu'a dû subir cette illustration, on a conservé dans tous les siècles pour la race des héros et des hommes de génie de l'antiquité l'admiration la plus fondée. C'est par ces mêmes moyens, par cette supériorité d'intelligence, supériorité qui a fait dire à un savant écrivain que *Jérusalem et Athènes sont les plus grandes institutrices du monde occidental*, que les Grecs ont dominé dans Rome, dans cette Rome qui les avait subjugués; et lorsque Rome voulut transporter les aigles du Capitole à Byzance, jamais l'esprit latin ne réussit à primer et à prendre racine dans un pays qui conservait une vitalité morale plus forte que celle qu'on voulait lui greffer.

La levée des boucliers des Grecs paraît excitée désormais par un sentiment religieux qui fait désirer à ce peuple chrétien l'émancipation du joug musulman. Ce sentiment est en partie joué et en partie vrai; il sert en tous les cas de prétexte à la Russie pour l'exciter davantage afin d'en tirer profit, quoiqu'on soit persuadé que l'Empereur (que ses sujets appellent le *saint Czar*) ne sera jamais reconnu pour chef de l'Église grecque par ceux qui ne sont pas ses sujets et même par la partie de son peuple qui vit éloignée de Saint-Pétersbourg et de Moscou. (Les peuples païens ne connaissaient pas cette foi exclusive qui exalte l'âme en la détachant de la terre au point de rendre le martyre sublime.)

Ce principe religieux uni à celui de l'indépendance, ce principe qui sert de prétexte aux vues et aux démarches du grand potentat du nord, depuis 1821 s'était déclaré avec une telle force et une telle énergie parmi les Grecs, que les grandes puissances auraient pu, si elles avaient été d'accord, le féconder en créant une monarchie grecque assez étendue à laquelle on aurait pu garantir l'indépendance politique. Loin de là, cédant à des vues particulières, la Russie et l'Angleterre n'ont pas permis qu'on érigeât un nouveau royaume dont l'étendue aurait pu un jour donner de l'ombrage à la puissance du Czar et dont le génie maritime des habitants aurait pu rivaliser avec la marine marchande anglaise. Cette grande insurrection grecque n'eut d'autre résultat que la création d'un tout petit royaume, et cela même grâce à la noble intervention de la France.

L'établissement de ce royaume de Grèce devait exciter la jalousie des autres contrées habitées par le même peuple et restées sujettes à la Porte. On pouvait donc supposer que, dans des circonstances favorables, le royaume de Morée aurait pu servir de fanal à une nouvelle insurrection plus étendue, mais dénuée de tous les moyens pour rendre probable un succès quelconque.

Ici la question change d'aspect et devient beaucoup plus compliquée. Examinons donc l'état actuel des choses. Est-ce pour passer de la domination turque à la domination moscovite que les Grecs de l'Epire, de la Thessalie et d'autres endroits se soulèvent, profitant de la lutte entre les puissances occidentales et la Russie?... Cela n'est pas croyable, car on sait très-bien que les vrais Grecs, ceux qui sont jaloux de l'ancien héritage de leur foi et de leur culte, ne veulent pas reconnaître le grécisme russe, qu'on peut appeler un schisme dans le schisme.

L'Eglise russe, dirigée par le synode dont l'empereur est la cheville ouvrière, s'efforcera en vain de faire croire à l'homogénéité des deux croyances; les véritables Grecs qui vivent hors de l'empire du Czar, ceux qui ne reconnaissent que le patriarche de Constantinople pour leur chef, protesteront toujours contre cette doctrine qu'ils regardent comme inadmissible chez eux, parce qu'enfantée par une politique incompatible non seulement avec les Eglises d'Athanase, de Basile, d'Ignace, mais même avec celle qui a suivi le schisme de Phothius et de Cerulaire, sans parler des Grecs catholiques qui ne reconnaissent pour leur chef suprême que le successeur de saint Pierre (1). Est-ce donc pour se sous-

(1) On sait bien que les Grecs catholiques ont été persécutés par les autorités ecclésiastiques russes, d'après les ordres supérieurs, aussi bien que les catholiques latins. La pierre de touche est l'intangibilité de l'autorité exclusive du chef de l'empire, qui veut être reconnu comme chef de l'Eglise. C'est, au reste, le principe et la marche de toutes les croyances qui se sont écartées du centre de la foi universelle. Détachées du catholicisme, et par conséquent ne reconnaissant plus la suprématie instituée dans la personne du premier apôtre par le Sauveur, elles se voient entraînées à reconnaître ou le monarque temporel comme premier pontife de leur Eglise, ou d'autres autorités subalternes. En Russie donc, où Pierre Ier *inventa* la suprématie ecclésiastique pour sa personne, c'est le pouvoir, toujours le pouvoir, rien que le pouvoir, dont le Czar est jaloux, et c'est ce pouvoir qu'il veut étendre et grandir par l'influence religieuse.

traire à la domination du Sultan et donner de grandes proportions et une importance politique à ce petit État de la Grèce? Mais, pour réussir dans ce projet, il faudrait, même après un grand succès, le consentement des puissances occidentales, et comment croire que l'Angleterre et la France, engagées à soutenir et à faire respecter l'intégrité de l'empire ottoman, pourraient jamais consentir à le dépouiller de quinze millions de sujets?

Avec moins d'illusions, n'écoutant pas les instigations d'une puissance qui a tout l'intérêt à susciter un grand embarras à la Turquie et aux armées qui la protégent, les Grecs devraient se tenir tranquilles, et profiter de l'émancipation politique et des nouveaux droits, que, grâce à la France et à l'Angleterre, Abdul-Medjid s'est vu obligé d'octroyer aux sujets chrétiens. La précieuse acquisition de cette force morale, dont les progrès seront immanquables, leur assurera une nouvelle existence sociale qui fera à son tour la conquête de l'islamisme et servira de réponse à ceux qui demandent pourquoi soutenez-vous les Turcs contre les chrétiens russes?

Quoiqu'on puisse croire que les avantages accordés aux chrétiens se borneront à des *firmans,* qui deviendront avec le temps une lettre morte, quoiqu'on puisse craindre que les chrétiens qui habitent Constantinople pourront seuls jouir des nouveaux droits accordés par le Divan, et que les autorités turques des provinces exerceront toujours, ainsi qu'ils les ont exercées et les exercent, les mêmes cruautés contre les chrétiens, il est incontestable que les puissances alliées forceront la Porte à la stricte exécution des engagements qu'elle a contractés, et ce ne sera pas sans succès.

Il faut savoir seconder les éventualités qui préparent des changements dans le sort des nations, et ne pas agir de manière à en faire avorter le résultat en y créant des embarras. L'insurrection grecque, telle qu'elle se présente dans ce moment, ne paraît être autre chose qu'une spéculation du parti démagogique de ce pays, une intrigue de la Russie, une triste illusion du roi de la Grèce et de la cour d'Athènes. Puisque de nos jours il faut s'en rapporter à l'imprévu, il faut aussi se garder d'arrêter ou de précipiter la marche des événements. La révolution grecque ne pouvant profiter à aucun parti, elle pourrait compromettre l'avenir de ce peuple qui aspire à redevenir une nation.

V.

Dans le spectacle que l'Europe donne au monde entier depuis quelques années, tout marche à soubresaut; partout on peut observer des anomalies, des faits qui échappent à toute prévoyance, et l'amour-propre de l'homme s'irrite de se trouver en défaut dans tous ses calculs. Cela arrive, parce qu'on a de la peine à comprendre que la condition des peuples, la marche des sociétés civilisées, le caractère même des gouvernements ont subi les uns une grande modification, les autres des changements positifs, ainsi qu'il en a été dans les siècles qui nous ont précédés. Les idées saines luttent contre les habitudes et quelquefois contre les baïonnettes avant de pouvoir assurer leur triomphe et gagner leur droit de bourgeoisie: l'expérience l'a bien prouvé.

Tous les efforts qu'on a faits depuis la grande révolution française pour remettre les Etats dans une assiette qu'on espérait rapprocher de l'ancienne, n'ont pas été couronnés d'un succès satisfaisant. Il y a eu partout des replâtrages qui n'ont contenté ni les princes ni les peuples. L'époque de Napoléon, étonnant épisode qui a suspendu la marche régulière des Etats, laissa dans les esprits le vertige de l'ambition sans étouffer le sentiment démocratique. Cet entr'acte fini, le monde reprit la pente que lui avait imprimée le bouleversement moral opéré à la fin du dix-septième siècle, d'où sont sortis les décrets qui ont prescrit la modification de l'ancien ordre moral. Les doctrines subversives, les théories démagogiques n'ont eu que l'existence d'un effrayant météore qui a suffi pour couvrir le passé d'un voile épais.

Que l'on se rende compte de tout ce qui est arrivé depuis cinquante ans et on sera convaincu qu'on n'a fait que des essais. A chaque essai, lorsqu'on a cru avoir établi un état de choses durable, un système bien basé et conforme à l'esprit de l'époque, on a dû se convaincre que de nouvelles exigences, de nouveaux besoins, une tendance quasi-démocratique, qu'en 1813 et 1814

on eut l'imprudence d'exciter, mais dont on n'avait pas calculé
la portée, réclamaient de nouveaux remaniements, de nouveaux
essais (1).

Chaque gouvernement, de son côté, a voulu, ou a été forcé
d'entrer dans ce qu'il est convenu d'appeler *le progrès*. Ce mot,
devenu le dogme des quarante dernières années de notre époque, signifie changement, *protestation contre le passé;* chaque
gouvernement, dis-je, a voulu entrer dans cette voie selon les
vues particulières qu'il a cru favorables à la consolidation des

(1) On s'est toujours borné à porter l'attention sur l'influence des nouvelles
théories des doctrines ultra-libérales; on a accusé, à juste raison, l'absence du
sentiment religieux et les abus de la presse, on a reproché à l'importation des
principes politiques de l'Angleterre et de l'Amérique certaines perturbations
dans l'ordre social, parfois on a attribué à l'abolition de la loi sur les fidéicommis
la décadence du corps intermédiaire, qui, placé entre le trône et le peuple,
soutenait l'ancien édifice; mais on n'a pas assez calculé les effets produits par
ces différentes inventions, ces importantes découvertes qui ont forcément
multiplié les rapports des classes, jadis séparées par les difficultés qu'on opposait à leur rapprochement; on ne s'est pas assez pénétré de cette action
gigantesque exercée par les nouvelles machines qui, multipliant les transactions commerciales, multiplient le travail, généralisent l'aisance et donnent
ainsi un tout autre niveau à la société. Pendant qu'on fait la guerre aux doctrines ultra-libérales, pendant qu'on cherche à subjuguer la tendance révolutionnaire, on encourage la science à trouver tous les moyens qui indirectement
poursuivent l'œuvre de démocratiser les États. Et comment empêcher le génie
de l'homme de faire des découvertes dans les secrets de la nature?... Comment
l'empêcher de s'en servir lorsqu'il a obtenu un succès qui pourra améliorer
le sort de l'humanité? N'est-ce pas la loi de la perfectibilité qui a été imposée
par le Créateur à tous les habitants de cette planète, que la Providence nous a
assignée? D'après cela, comment croire, comment supposer que l'attitude des
peuples pourrait être stationnaire? L'imprimerie au quinzième siècle, la
vapeur au dix-neuvième : Guttemberg et Watt, voilà jusqu'à nos jours les deux
grands agitateurs, les deux grands révolutionnaires qui ont forcé les gouvernements et les nations à se plier à leur irrésistible influence, sans compter
Franklin et Lavoisier, qui ont préparé pour d'autres la gloire d'importantes
découvertes. Chaque invention assure donc un progrès matériel, chaque progrès matériel prépare, sans s'en douter, une nouvelle force morale, je dirai
même une révolution. Les expositions industrielles qui se multiplient partout
sont-elles autre chose que les tournois et les carrousels de la classe manufacturière qui vient remplacer de nos jours la chevalerie? . . . .
Une seule chose n'admet pas de changement, une seule chose doit être
immuable, *la vérité...* la vérité, qui est la parole de Dieu. Toute modification
que l'homme oserait faire à cette parole serait fausse, impie; elle cesserait
d'être la vérité.

pouvoirs, à l'attitude des peuples. Les conséquences qu'on n'a pas su prévoir ont donné le démenti à des doctrines qu'on caractérise *désormais* d'illusions. Il en reste encore beaucoup de ces illusions, et c'est la main invisible de la Providence qui seule nous fera connaître si on a eu raison ou tort de les caresser, si on a eu raison ou tort de se fier au nouveau programme politique que l'Europe nous présente dans ce moment... L'avenir!... l'avenir! hélas! ce mot est tout une énigme, et, si on voulait connaître sur les affaires actuelles les anomalies et les divagations de l'esprit de l'homme, influencé souvent par les passions, on n'a qu'à mettre ensemble les *dogmes* de ceux qui aiment à prédire pour se convaincre que chacun trouve une explication différente des faits qui se succèdent, et que chacun a la conviction de ne pas se tromper!

Les uns nous diront que l'empire turc durera encore quelque temps, malgré tous les éléments qui le condamnent à une dissolution inévitable; les autres pensent que ce ne sera pas la guerre qui le fera disparaître, mais que la supériorité de la civilisation chrétienne minera chaque jour l'existence du pouvoir des musulmans, véritable abus qu'on doit reprocher à la tolérance des peuples chrétiens, honteux scandale et puissant obstacle au progrès social de l'Orient. D'autres sont persuadés, à ne pas en douter, que Constantinople est destinée à être une ville anséatique qui servira pour le grand débouché de tout le commerce entre l'Orient et l'Occident. On caresse cette idée plus que toute autre par la persuasion dans laquelle on est de l'impossibilité de rétablir dans cette ancienne Byzance un empire grec indépendant, et bien moins un empire latin... La divagation des opinions augmente lorsqu'il est question des principautés danubiennes, ou de la Crimée, de la Géorgie, du Caucase, etc. Mais c'est surtout sur l'attitude que prendront l'Autriche et la Prusse qu'on aime à raisonner. Les uns prétendent le faire avec connaissance de cause, les autres d'après les principes de la politique autrichienne. Ainsi les uns sont d'avis que l'Autriche et la Prusse feront leurs efforts, qui plus, qui moins, pour prolonger les ménagements envers la Russie, ménagements ordonnés par un état de presque neutralité expectante, jusqu'à ce qu'on pourra juger de la valeur et de l'importance réelles de ce grand empire du nord que la la guerre actuelle ne pourra pas manquer de démasquer et mettre à nu, de cet empire que jusqu'à présent on a cru symboliser par la statue d'Hercule, à laquelle maintenant on veut substituer celle de Nabuchodonosor. Il y a des personnes qui pensent que les Etats allemands, qui se trouvent en divergence dans leurs sympathies à cause de leurs rapports particuliers, saisiront, de commun accord, cette occasion pour s'émanciper de l'influence du cabinet de Saint-Pétersbourg, qui, depuis quelques années, a voulu se poser vis-à-vis de l'Allemagne comme un oracle qu'elle doit consulter, montrant la puissance du Czar destinée à diriger le sort des Etats germaniques.

Au milieu de toutes ces opinions, il n'est pas difficile de saisir la véritable cause de cette incertitude, qui a pu faire douter dernièrement de la franche coopération de l'Autriche et de l'acquiescement de la Prusse aux instances des puissances occidentales. Pour l'Autriche, ainsi que pour la Prusse, le principe qui a donné l'existence au nouvel empire français ne pouvait pas être admis, puisqu'il est tout à fait opposé à celui qui régit depuis des siècles la monarchie autrichienne, la nouvelle royauté prussienne et différentes autres. Voilà pourquoi les sympathies seules de principes ont pu se porter vers la doctrine du cabinet russe, qui, jusqu'à présent, a joué le rôle du représentant de la théorie conservatrice et de l'absolu par droit. Mais les souvenirs de 1828 et 1829, l'importance de la liberté du commerce du Danube, l'émancipation du servage de ce fleuve d'une certaine domination qu'y exercent les autorités russes, sont des arguments que l'Autriche sait bien peser (1). D'un autre côté, si le cabinet de Vienne a pu montrer quelque répugnance à se persuader que l'Angleterre ait entièrement renoncé à exciter indirectement des troubles en Italie et en Hongrie, ainsi qu'il l'a supposé autrefois, c'est qu'il a eu quelque peine à croire que cette politique, caressée quelque temps par le ministère britannique, ait fait place désormais, à cause des derniers événements, et par un calcul très-sage,

---

(1) Le comte Buol, qui dirige les relations extérieures, est un homme éclairé, ferme et prudent en même temps.

à une doctrine conservatrice qui paraît mieux répondre aux intérêts de l'Angleterre.

Il ne faut donc pas s'étonner si l'Autriche et la Prusse, malgré la justice qu'elles rendent au caractère et à l'intelligence de l'Empereur des Français, et aux membres qui composent le ministère anglais, aient hésité à poser nettement la question d'une manière opposée à l'ancienne attitude de leurs gouvernements. Il est naturel, après tout, d'attendre avant de rompre en visière avec une puissance dont les rapports, jusqu'à présent, ont pu être appréciés utiles, avec un prince qui a imposé son amitié en la rendant une habitude confiante. Il est à croire que cette circonspection et cette prudence, utiles dans certains temps, nuisibles peut-être dans d'autres, disparaîtront en vue de l'intérêt commun. L'empereur Nicolas ayant changé ce même rôle qu'il a si bien soutenu jusqu'à présent, l'Allemagne entière paraît destinée à former une puissance centrale propre à garantir l'équilibre européen et à servir de digue à l'Orient ainsi qu'à l'Occident.

———

Il peut arriver que cette grande aventure, qu'on appelle la guerre d'Orient, modifiera les tendances politiques de notre époque. Une transformation dans les anciens rapports et les sympathies des différents peuples qui prennent part à la lutte, rajeunira en quelque sorte notre vieille Europe, donnera une direction inattendue aux Etats qui ont été acteurs dans ce grand drame, et recommencera l'ancienne civilisation de l'Asie (1). Voilà ce que l'histoire enregistrera comme l'événement le plus remarquable de nos jours. Napoléon, en exagérant son ambition et son génie, rendit à la Russie le service d'acquérir une gloire militaire, à laquelle elle était alors bien loin de prétendre, et une influence

____

(1) Mais qui protégera d'une manière vraie et efficace, avec un zèle sincère et fervent, les Lieux-Saints des profanations que les puissances chrétiennes ont eu le tort de tolérer jusqu'à présent? Qui tranchera cette question qui n'a jamais été envisagée avec l'importance qu'on aurait dû lui accorder? Qui émancipera le tombeau du Christ de la honteuse influence exercée par les enfants du Prophète? Dira-t-on que c'est le cadet des soucis des puissances chrétiennes belligérantes? Non, certainement non... Il faut l'espérer...

politique en Europe, à laquelle elle ne pouvait pas songer. L'empereur Nicolas, entraîné aussi par le vertige de l'ambition, vient s'exposer à perdre les avantages que lui avait faits le plus grand capitaine de notre époque, pour les assurer à Napoléon III. Singulière destinée des vicissitudes humaines !

Serait-il vrai que le système des compensations soit une de ces lois dont la Providence s sert pour l'économie du monde ?

FIN.

Paris. — Imprimerie de Pommeret et Moreau, quai des Augustins, 17.